KRÄUTER-
WANDERUNG
MIT KINDERN

Servus

Das große kleine Buch

Ines Scheiblhofer

KRÄUTER-WANDERUNG MIT KINDERN

Inhalt

Schätze am Wegesrand

Eine Kräuterwanderung mit Kindern ist aufregend, lässt die Zeit im Nu verstreichen und macht Groß und Klein große Freude. Kinder sind sehr offen für die grünen Helfer am Wegesrand und sammeln und verarbeiten sehr gerne selbst. Dieses Wissen um die Verwendung der Wildkräuter wird ihnen für immer gegenwärtig sein und somit gerät das alte Wissen nicht in Vergessenheit. Unter dem Motto »Wir schützen, was wir kennen und lieben!« wird einem auch bewusst, dass wir ein Teil der Natur sind und achtsam damit umgehen müssen.

Liebe Kinder,
Pflanzen waren für uns Menschen schon immer lebenswichtige Begleiter. Als Nahrungsmittel oder als Heilmittel. Auf allen Wiesen und Wäldern finden sich Schätze, die uns viel Gutes tun können! Kommt mit auf eine Wanderung ins Reich der Kräuter – ihr werdet staunen, wie vielseitig man sie verwenden kann.

Sammelregeln

- ☞ Zum Sammeln von Kräutern eignet sich am besten ein Körbchen, ein Stoff- oder Papiersack.
- ☞ Wenn du erntest, achte darauf, dass immer genügend Pflanzen stehen bleiben, damit sie sich weitervermehren können. Nach dem Ernten sollte der Nächste gar nicht merken, dass gepflückt wurde.
- ☞ Manche Kräuter haben sehr starke Stängel, die man nur schwer durchtrennen kann. Dafür ist es gut, eine Schere oder ein Messer im Rucksack zu haben. Sei achtsam beim Abernten, damit die Pflanze nicht mitsamt den Wurzeln ausgerissen wird, sonst kann sie nicht weiterwachsen.
- ☞ Wir sammeln die Pflanzen und Beeren nur an sehr sauberen Plätzen, abseits der Straßen und Felder. Achte auch darauf, dass das Sammeln in Naturschutzgebieten nicht erlaubt ist.

- ☞ Ein Pflanzenbestimmungsbuch ist ein guter Begleiter auf der Entdeckungsreise in die Welt der Kräuter.
- ☞ Manche Pflanzen sind schon so selten, dass sie geschützt sind und deshalb nicht geerntet werden dürfen. In diesem Büchlein sind nur häufig vorkommende Pflanzen beschrieben.
- ☞ Viele unserer grünen Wiesenfreunde sind essbar, aber eben nicht alle! Bevor du etwas pflückst und kostest, frage einen Erwachsenen.
- ☞ Bevor du die Pflanzen verarbeitest, breite alles Gesammelte aus und kontrolliere mit einem Erwachsenen, ob auch bestimmt alles genießbar ist.

Erntezeitpunkt

☞ Möchtest du Blätter oder Blüten trocknen, erntest du am besten an einem sonnigen Spätvormittag, wenn bereits der ganze Morgentau abgetrocknet ist. Fein wäre es, wenn auch der Vortag sonnig war, dann ist die Pflanze noch wirksamer.

☞ Wurzeln werden immer im Frühling oder im späten Herbst geerntet, wenn die ganze Kraft der Pflanze wieder zurück in der Wurzel ist. Unter dem Jahr braucht sie viel Kraft zur Bildung von Blättern, Blüten und Samen.

Trocknen

☞ Die geernteten Kräuter kannst du zu dünnen Büscheln binden und mit den Blüten nach unten an einem luftigen, eher dunklen Ort zum Trocknen aufhängen. Auch luftig aufgelegt in flachen Kartons funktioniert es gut.

☞ Du solltest immer wieder nachsehen, ob die Blätter schon rascheln und der Stängel beim Durchbrechen knackt. Dann sind sie richtig trocken und du kannst sie in Papiersäckchen oder Gläser abfüllen. Vergiss nicht, die Verpackung zu beschriften, damit du später noch weißt, was darin enthalten ist.

Veilchen

Im Frühling steigt dir am Waldrand oder in Hecken oft ein wunderbarer, süßer Duft in die Nase. Die Duftveilchen strecken ihre violetten Köpfchen neugierig hervor! Das Veilchen ist nicht nur wunderhübsch anzusehen. Ein Veilchentee hilft auch wunderbar gegen Husten. Bevor du es pflückst, schnuppere an den Blüten, denn oft mischen sich die nicht duftenden Hundsveilchen darunter. Du erntest es mitsamt dem Stängel, um es anschließend zu einer feinen Nascherei zu verarbeiten, die auch die Kaiserin Sisi sehr liebte.

Veilchen verzuckert

1 Teil Gummi-arabicum-Pulver (das bekommst du im Konditoreibedarf oder in der Apotheke) · 2–3 Teile Wasser Kristallzucker · Backpapier

Pulver und Wasser in einem Schraubglas miteinander verschütteln. Mit einem feinen Pinsel auf die Blütenblätter pinseln und mit feinem Kristallzucker bestreuen. Die Blüten auf ein Backpapier legen und bei maximal 50 Grad im

Backrohr circa 2 Stunden trocknen. Immer wieder vorsichtig die Blüten wenden. Noch einen Tag bei Zimmertemperatur nachtrocknen lassen. Die Blüten sollen ganz steif sein. Einfach so naschen, auf ein Eis oder eine Torte legen. Innerhalb eines Monats aufbrauchen. (Bitte einen Erwachsenen, dich bei der Arbeit am Backrohr zu unterstützen.)

Gänseblümchen

Oft sind ganze Wiesen mit den zauberhaften Gänseblümchen überzogen. Es wird auch Tausendschön genannt, weil es sehr hübsch anzusehen ist. Wenn man die ersten drei Gänseblümchen, die man sieht, verspeist, soll man das ganze Jahr gesund bleiben. Als Wetteranzeiger ist diese Blume sehr zuverlässig: Wenn die Blüten morgens geschlossen bleiben, ist mit Regen zu rechnen. Die Blüten kannst du sammeln und einfach aufs Butterbrot legen und essen. Es macht aber auch die Haut streichelweich. Probier's aus!

Gänseblümchen-Hautschmeichleröl

Gänseblümchenblüten · Kaltgepresstes Pflanzenöl (z.B. Distelöl, Mandelöl)

An einem warmen Frühlingstag die Blüten pflücken und ein sauberes Glas zur Hälfte damit füllen. Dann Öl darüber gießen und mit einem Deckel gut verschließen. Auf der Fensterbank zwei Wochen ziehen lassen, jeden Tag umrühren. Dann abfiltern, in eine hübsche Flasche füllen und mit einem Etikett beschriften. Jetzt hast du ein tolles Hautschmeichler-Massageöl. Ein nettes Geschenk für deine Mama zum Muttertag!

Löwenzahn

Strahlend wie kleine Sonnen leuchten die Blüten des Löwenzahns aus den Wiesen! Die gezähnten Blätter des Löwenzahns erinnern stark an die scharfen Zähne eines Löwen und die Blüten an seine Mähne. Diese Pflanze macht dich stark wie einen Löwen! Das kräftige Gewächs treibt seine Pfahlwurzeln tief in den Boden und kann sogar Asphalt sprengen. Sobald es verblüht ist, ergeben seine Samen eine hübsche Pusteblume. Die kleinen, zarten Blätter kannst du als Salat essen und die Blüten lassen sich zu einem feinen Sirup verarbeiten.

Löwenzahnstängel-Gekringel

Löwenzahnstängel · Schale mit kaltem Wasser / Bach

Ernte ein paar Löwenzahnstängel, drücke vorsichtig den weißen Pflanzensaft heraus und streife ihn in der Wiese ab. Nun halbiere die Stängel längs und lege sie in eine Wasserschale oder in einen Bach. Was kannst du nun beobachten? Welche Formen nehmen die Stängel an? Du kannst einen Stängel kosten, meist ist er recht bitter.

Brennnessel

Sie ist nahezu überall zu finden und viele mögen sie nicht – zu Unrecht. Die Brennnessel ist das Lieblingsessen vieler Raupen, die später zu wunderschönen Schmetterlingen werden. Gärtner verwenden sie gerne als Düngemittel, aber auch für uns Menschen ist sie eine wertvolle Speisepflanze. In Suppen, Strudeln oder Tees kräftigt sie uns und hält uns gesund. Sobald man sie rollt, mit heißem Wasser übergießt oder kocht, sind die Brennhaare nicht mehr spürbar. Versuche es gleich selbst!

Mutprobe: Frische Brennnessel essen

Du erntest mit spitzen Fingern vorsichtig die obersten drei kleinen Blätter und rollst sie fest zu einer Kugel. Jetzt kannst du die grüne, saftige Kugel essen! Durch das Rollen brechen die kleinen Brennhaare ab. Die frische Brennnessel ist am gesündesten und du wirst sehen, sie schmeckt sehr gut. Du wirst überrascht sein! Und wenn es doch einmal etwas brennen sollte – die nächste Pflanze im Buch hilft sofort!

Spitzwegerich

Er ist auf fast jeder Wiese zu finden und sobald er blüht, sieht man ihn von Weitem. Seine spitz zulaufenden Blätter haben ihm den Namen gegeben. Früher wurde ihm eine große Zauberkraft zugesprochen und man trug seine Wurzel sogar als Amulett um den Hals. Seine zarten, jungen Blätter schmecken in einem Aufstrich sehr fein. Aber auch in Hustenzeiten ist er ein wertvoller Helfer in Tees und Hustensäften.

Anleitung: Wiesenhelfer bei Insektenstichen

Wenn du draußen unterwegs bist, ist der Spitzwegerich die wichtigste Pflanze der Wiesenapotheke. Egal, ob dich ein Insekt gestochen hat oder du an einer Brennnessel gestreift bist – der Spitzwegerich ist zur Stelle. Pflücke ein Blatt und zerreibe es so lange zwischen den Fingern, bis grüner Pflanzensaft austritt. Jetzt verreibe das Blatt mit dem Saft auf der juckenden Stelle. Sogleich hört der Juckreiz auf und die Haut beruhigt sich. Aus einem ganzen Blatt kannst du sogar ein kleines Blatt-Pflaster für den Finger herstellen.

Schwarzer Holunder

Der Holunderstrauch blüht im Frühling mit wunderschönen weißen Blütenständen, die herrlich duften. Unsere Vorfahren verehrten diese Pflanze sehr. Man sagte sogar, dass unter dem Strauch Frau Holle wohnt und von dort aus alle Wesen auf der Erde beschützt. Aus den frischen Blüten kann man Holunderküchlein backen. Eine sehr feine Süßspeise. Die dunkellila Beeren im Herbst müssen allerdings

sehr gut gekocht werden, bevor man sie isst. Im rohen Zustand sind sie, wie auch die Blätter, giftig!

Holundersirup

1 kg Zucker · 1 l Wasser · 20 Blütenstände des Holunders
2 Bio-Zitronen

Die Blüten auf Insekten untersuchen, aber nicht abwaschen. Wasser aufkochen, den Zucker hinzufügen und rühren, bis sich der Zucker aufgelöst hat. Die Zitrone in Scheiben schneiden und dazugeben. Holunderblüten hineinlegen und gut durchrühren. Zwei Tage zugedeckt an einem kühlen Ort ziehen lassen und öfters umrühren. Danach den Ansatz durch ein feines Sieb schütten und in sterilisierte Flaschen füllen. Nun verschließen und beschriften. Kühl und dunkel aufbewahren. Mit Wasser verdünnt ein herrliches Erfrischungsgetränk! (Bitte einen Erwachsenen, dich beim Aufkochen und Abfüllen zu unterstützen.)

Verwechslungsgefahr:
Achte darauf, dass der schwarze Holunder immer einen holzigen Stamm und Äste hat! Seine Blätter bestehen meist aus fünf Teilblättchen, die am Rand gezackt sind.

Vogelmiere

Die Vogelmiere findest du im Frühling und Herbst oft im Gemüsegarten und auf Wiesen. Sie hat dünne, runde Stängel und ganz kleine, weiße, sternförmige Blüten. Die Blättchen sind eiförmig. Wenn du ganz vorsichtig einen Stängel zerreißt, bleibt in der Mitte eine sehr elastische Faser übrig. Diese Pflanze schmeckt sehr gut nach jungen Erbsen. Koste sie! Sie liefert uns als erstes Grün unter dem Schnee viele wertvolle Inhaltsstoffe.

Vogelmiere-Suppe

3 Handvoll Vogelmiere · ½ Zwiebel · 3 Kartoffeln · 300 ml Wasser oder Gemüsebrühe · Etwas Butter · Salz, Pfeffer

Zwiebel und Kartoffeln schälen und in kleine Würfel schneiden. Etwas Butter in einem Topf zergehen lassen. Die Zwiebel dazugeben und glasig andünsten lassen. Die Kartoffeln hinzufügen und mit Wasser oder Gemüsebrühe aufgießen und würzen. Circa 20 Minuten köcheln lassen. Grobe Stängel der Vogelmiere entfernen, waschen und fein schneiden.

Nun die Vogelmiere hinzufügen. Einmal umrühren und den Herd ausschalten. Jetzt mit dem Stabmixer pürieren und mit Salz und Pfeffer abschmecken. Dazu passt gut ein Stück Brot mit Butter. (Bitte einen Erwachsenen, dich beim Kochen zu unterstützen.)

Hirtentäschel

Das Hirtentäschel wurde früher auch Herzerlblume genannt, weil seine Samen herzförmig sind. Du findest es ab Mai auf vielen Wiesen. Durch seine charakteristischen Samen fällt es besonders auf. Die Taschen der Hirten hatten früher die Form eines Herzens, daher bekam das Kraut den Namen »Hirtentäschel«. Das Hirtentäschel wurde auch Zimmermanns-Kraut genannt. Wenn man eine blutende Wunde hatte, nahm man das Hirtentäschel und stillte damit die Blutung.

Tipp: Herzerlsamen essen

Solange die Herzerlsamen noch grün sind, schmecken sie am allerbesten. Pflücke die Samen und iss sie gleich am Wegesrand oder streue sie zu Hause in einen Salat oder auf ein Butterbrot.

Gundelrebe

Die Gundelrebe rankt sich gerne an schattigen Stellen durch das Gras. Sie reckt in der Blütezeit Ende April ihre Sprosse mit wunderschönen, violetten Blüten Richtung Himmel. Wenn du an einer Ranke ziehst, hast du meist gleich ein langes Stück mit hübschen, herzförmigen Blättern in der Hand. Sie eignet sich hervorragend, um daraus ein kleines Blütenkränzchen zu winden und dieses mit Gänseblümchen und Löwenzahnblüten zu verzieren. Als Wildkraut wird diese Pflanze oft verkocht oder auch als Heilpflanze verwendet.

Gundelreben-Schoko-Blättchen

Gundelrebenblätter und eventuell Blüten
Schokoladenkuvertüre

Du schmilzt eine kleine Menge Kuvertüre und bestreichst mit einem Pinsel die Gundelrebenblätter. Wenn die Gundelrebe gerade in der Blüte steht, kannst du auf das schokolierte Blatt auch eine Blüte legen. Dann lässt du sie auf einem Backpapier im Kühlschrank trocknen. Die Kombination von Schokolade und Gundelrebe ergibt ein wahres Geschmacksfeuerwerk. Die so veredelten Blättchen eignen sich, um Torten oder Eis zu verzieren. Oder du naschst sie einfach so weg!

Taubnessel

Die zartrosa Blüten der Taubnessel ziehen im Frühling die Blicke auf sich. Du findest sie häufig an Zäunen und am Waldrand. Sie gehört zu den Lippenblütlern, die man leicht daran erkennt, dass ihre Stängel sehr oft vierkantig sind. Von Weitem könnte man wegen der ähnlichen Blätter denken, es ist eine Brennnessel. Die Taubnessel hat aber ganz weiche Blättchen und brennt nicht. Hummeln freuen sich sehr über ihren feinen Nektar.

Bunter Blütenaufstrich

Blüten der Taubnessel · Andere Blüten, z.B. Rosenblüten, Rotkleeblüten, Gundelrebenblüten, Wiesensalbeiblüten, Quendelblüten · 1 Packung Topfen · 5 Esslöffel Naturjoghurt 1 Prise Vanillezucker · 2 EL Honig

Insgesamt circa eine Handvoll Blüten fein schneiden oder zupfen. Topfen und Joghurt verrühren, Vanillezucker und Honig hinzugeben. Jetzt die Blüten dazugeben, nochmals durchrühren und fertig ist ein süßer, bunter Blütenaufstrich. Er schmeckt auf einem Brot fantastisch und sieht traumhaft aus. Lade deine Freunde zu einem Feen-Schmaus ein.

Rotklee

Der Rotklee leuchtet mit seinen wunderschönen rosa Blütenköpfchen aus den Wiesen. Meist hat er dreiteilige Blätter. Wenn du großes Glück hast, findest du auch einmal ein vierblättriges Kleeblatt. Also schau ganz genau, sobald du Klee entdeckst. Die Blüten kannst du trocknen und damit köstlichen, süßen Tee herstellen. Wusstest du, dass Klee eine sehr wichtige Gründüngungspflanze ist? An seinen Wurzeln hängen Knöllchenbakterien, die Stickstoff binden und so den Boden düngen.

Tipp: Süßer Blütennektar direkt von der Wiese

Zupfe vorsichtig aus einem Rotklee-Blütenköpfchen eine kleine Schmetterlingsblüte aus. Jetzt saugst du fest an dem weißen Teil, der angewachsen war. Meist schmeckst du nun den wunderbaren, süßen Nektar, den unsere Insekten so lieben. Wenn es zuvor geregnet hat oder ein Insekt den Nektar gesaugt hat, ist der süße Saft nicht so gut zu schmecken.

Wiesensalbei

Du kennst sicher den Salbei, der bei dir zu Hause im Garten oder im Topf wächst. Er ist ein ganz tolles Mittel bei Zahnfleisch- und Halsentzündungen. Es gibt aber auch einen wilden Salbei, den man ab Mai sehr oft findet: den Wiesensalbei. Seine wunderschönen violetten Lippenblüten strahlen an hohen Stängeln aus den Wiesen. Wie die Insekten an der Bestäubung von Pflanzen mithelfen, kannst du so ausprobieren: Pflücke einen festen, starken Grashalm und fahre damit in die Mitte einer Salbeiblüte, bis du einen kleinen Widerstand spürst. Du wirst nun beobachten können, wie sich die Staubblätter, fast wie Schlangenzähne, herabsenken. Wenn eine Hummel Nektar holt, wird ihr mit diesen Staubblättern ein Stempel mit Blütenstaub auf den Rücken gedrückt. Sie fliegt anschließend zur nächsten Blüte weiter und bestäubt diese damit. So können die Pflanzen Samen ausbilden und sich vermehren.

Wiesensalbei-Butterbrot

Eine Scheibe Brot · Butter · Frische Wiesensalbeiblüten
Eventuell eine Prise Salz

Zupfe die frischen Blüten und lege sie anschließend auf ein Butterbrot – mmhhh, was für ein Hochgenuss!

Quendel

Der wilde Feldthymian wird auch Quendel genannt. Du findest ihn auf sonnigen Böschungen und sogar auf felsigen Plätzen. Er hat wunderschöne, kleine, hellrosa Lippenblüten und sehr kleine, ovale Blätter. Sein starkes Aroma riechst du gut, wenn du an den Blättern reibst. Ernte die Stängel mitsamt den Blättern und Blüten und lege sie zu Hause an einem schattigen, warmen Ort zum Trocknen auf. Wenn die Stängel beim Brechen knacken, ist er fertig getrocknet. Jetzt kannst du ihn in ein beschriftetes Papiersäckchen füllen. Im Winter während der Schnupfen- und Hustenzeit wird er dir in Tees oder auch in Hustenzuckerln gute Dienste leisten.

Quendel-Zuckerl

3 TL getrockneter Quendel oder Thymian
Circa 100 ml heißes Wasser · 140 g Rohrohrzucker · 2 TL Honig

Wasser erhitzen und heiß über den getrockneten Quendel schütten. Zugedeckt 15 Minuten ziehen lassen, dann abfiltern. Jetzt 50 g der gewonnenen Quendel-Flüssigkeit mit dem Zucker und zwei Teelöffel Honig am Herd unter ständigem Rühren circa 10 Minuten köcheln lassen, bis die Flüssigkeit klare Bläschen wirft. Es sollte nun ein dickflüssiger Sirup entstanden sein. Vorsicht: Diese Mischung wird sehr heiß! Nun Backpapier auf ein Tablett legen und mit einem Teelöffel die Flüssigkeit in Zuckerlform darauf gleiten lassen oder in kleine Pralinenförmchen füllen und aushärten lassen. Anschließend luftdicht verpacken.

Haltbarkeit: circa drei Monate

(Bitte bei diesem Rezept unbedingt einen Erwachsenen um Hilfe, weil die Flüssigkeit sehr heiß wird!)

Wildrosenblüten

Ab Mai leuchten die rosa und weißen Blüten der Wildrosen aus den Hecken. Aus Rosenblüten wird aromatischer Tee zubereitet und auch in der Kosmetik sind sie ein wichtiger Bestandteil. Schnuppere an den Blüten der verschiedenen Wildrosensträucher – nicht alle Blüten duften gleich stark. Wusstest du, dass Hagebutten die Früchte der Wildrosen sind?

Rosen-Blütenzucker

2 Handvoll rosa Wildrosenblüten
50 g feiner Kristallzucker · Mörser

Ernte zwei Handvoll frische, rosa Wildrosenblüten. Der Fruchtstand bleibt stehen, damit daraus Hagebutten werden können. Schneide die Blütenblätter klein und verreibe sie rasch in einem Mörser mit dem Zucker. Mörsere so lange, bis eine rosa Paste entsteht. Nun streiche diese Paste auf ein mit Backpapier belegtes Tablett und lege ein Geschirrtuch darüber. Lasse die Rosen-Zucker-Paste an einem dunklen, warmen Ort trocknen. Du kannst öfters einmal durchrühren.

Nach der Trocknung mörserst du nochmals die festen Klumpen und füllst den feinen Rosenzucker in ein schönes Glas. Du hast nun einen ganz besonders aromatischen Zucker hergestellt, der zum Verzieren von Kuchen und Nachspeisen verwendet wird. Er ist auch ein hübsches Mitbringsel für Verwandte oder Freunde! Nach diesem Rezept kannst du auch Lavendel- oder Ringelblumenzucker herstellen.

Schafgarbe

Die Blätter der Schafgarbe sehen wie winzige Palmwedel aus. Wenn du ein Blatt pflückst, erkennst du sicher, dass es wie eine Augenbraue aussieht. Die weißen Blüten, die würzig nach Wiese duften, erscheinen ab Ende Mai. Die Schafgarbe ist eine sehr starke Heilpflanze. Mit den zerriebenen Blättern wurden früher Blutungen gestillt und sie hilft auch gut bei Bauchschmerzen. Die zarten, jungen Blätter schmecken in einem Aufstrich oder im Salat hervorragend. Probiere es aus!

Verwechslungsgefahr:

Wenn du die Schafgarbe noch nicht kennst, lasse dir anfangs von einem Erwachsenen beim Erkennen helfen. Es gibt viele weiße Doldenblütler, die teilweise auch giftig sind und mit der Schafgarbe, die aber ein Korbblütler ist, verwechselt werden können.

Wiesenlimonade

4 Schafgarbenblüten · 2 Ranken Gundelrebe
4 Stängel Zitronenmelisse · 4 Blätter Giersch
(wenn nicht vorhanden, 3 Stängel Petersilie) · 1 l Apfelsaft
1 Bio-Zitrone · ½ l prickelndes Mineralwasser

Binde dic frischen Kräuter zu einem Büschel, drücke oder walze sie ein bisschen. Danach hänge sie in einen Krug mit Apfelsaft und lasse die Mischung über Nacht gekühlt ziehen. Dann mit Mineralwasser aufgießen und den Saft der Zitrone untermischen. Ein herrlicher Durstlöscher – du wirst begeistert sein!

Nachtkerze

Die Nachtkerze zählt zu den zweijährigen Pflanzen. Das bedeutet, dass sie im ersten Jahr nur eine Blattrosette ausbildet und erst im zweiten Jahr blüht. Sie wird ziemlich hoch und an ihrem Stängel erscheinen wunderschöne, hellgelbe Blüten. Ihr Name kommt daher, dass ihre Blüten abends aufblühen und zu duften beginnen. Sie strahlen in der Nacht richtig hell. Früher hat man die Wurzel der Nachtkerze im Herbst des ersten Jahres ausgegraben und als Wurzelgemüse gekocht. Beim Aufschneiden verfärbt sich die Wurzel hellrosa, daher wurde sie auch Schinkenwurz genannt. Das Öl aus den Samen ist sehr wirksam gegen Hauterkrankungen.

Anleitung: Nachtfalter beobachten

In den Ferien kannst du dich abends zu einer Nachtkerze setzen. Die neuen Blüten öffnen sich ruckartig innerhalb weniger Minuten und beginnen zu duften, sobald sie aufgeblüht sind. Sei ganz ruhig! Dann kannst du Nachtfalter beobachten, die vom süßen Nektar der Nachtkerze naschen.

Johanniskraut

In unseren Breiten zählt das Johanniskraut zu den am meisten verehrten Heilpflanzen. Seine sternförmigen, leuchtend gelben Blüten strahlen aus den Wiesen. Meist erblüht es um den Johannistag (24. Juni), wodurch ihm auch der Name gegeben wurde. Um zu erkennen, ob du das echte Johanniskraut gefunden hast, pflücke ein Blatt und halte es gegen das Licht. In dem Blatt siehst du winzige rote und durchsichtige Tupfen – das ist das echte getüpfelte Johanniskraut! Pflücke eine Blüte und zerreibe sie zwischen den Fingern – was passiert? Werden deine Finger violett davon?

Bitte beachten:

Mit dem Johanniskrautöl auf der Haut niemals in die Sonne gehen. Nur abends oder in der dunklen Jahreszeit verwenden. Es ist sehr stark in der Wirkung, deshalb bei regelmäßiger Medikamenten-Einnahme mit dem Arzt abklären, ob es dazu passt.

Rotöl

**2 Handvoll frische Johanniskrautblüten · 200 ml Olivenöl
Sauberes Marmeladenglas**

Fülle das Glas zur Hälfte mit den Johanniskrautblüten und überschütte sie mit einem guten Olivenöl. Rühre nochmals gut durch und verschließe das Glas. Stelle es nun an einen sehr sonnigen Ort am Balkon oder im Garten. Lass das Glas bis Mitte August dort stehen. Anfangs jeden Tag umrühren, damit sich im Laufe der Zeit alle Blüten vollsaugen und zu Boden sinken. Das Öl wird mit der Zeit blutrot. Im August das Öl durch einen Filter gießen und das nun gewonnene Rotöl in einer dunklen Flasche aufbewahren. Ein tolles Öl für Einreibungen bei Zerrungen oder Hexenschuss, das auch schmerzlindernd ist.

Großblütige Königskerze

Eine wahrhaftige Königin, die es auf ganz kargen Böden zu enormer Größe bringen kann. Sie strahlt aus großer Ferne mit ihren gelben, großen Blüten. Es gibt verschiedene Königskerzen-Arten. Am ergiebigsten ist die Großblütige. Wie die Nachtkerze ist auch die Königskerze zweijährig. Das bedeutet, dass sie im ersten Jahr nur eine Blattrosette bildet. Im zweiten Jahr bringt sie die Blüten hervor. Die Königskerzenblütenstände wurden früher auch als Fackeln verwendet. Dafür tauchte man sie in Bienenwachs. Wenn Unwetter heraufzogen, warf man ein paar Königskerzenblüten ins Feuer, um Blitze vom Haus fernzuhalten.

Trocknen der Blüten für einen Hustentee

Pflücke nur ganz trockene Blüten der Königskerze. Lege sie an einem schattigen, luftigen Ort vorsichtig auf. Wenn die Blüten trocken sind, kannst du sie mit Spitzwegerich und Quendel zu einem feinen Hustentee für den Winter mischen.

3 Teile getrockneter Spitzwegerich · 2 Teile getrockneter Quendel
1 Teil getrocknete Königskerzenblüten

Alles gut durchmischen und in einem verschlossenen, beschrifteten Glas dunkel aufbewahren. Bei Bedarf einen Teelöffel der Kräutermischung mit 200 ml heißem Wasser übergießen und zugedeckt 10 Minuten ziehen lassen. Dann abseihen und auf Trinktemperatur abkühlen lassen.

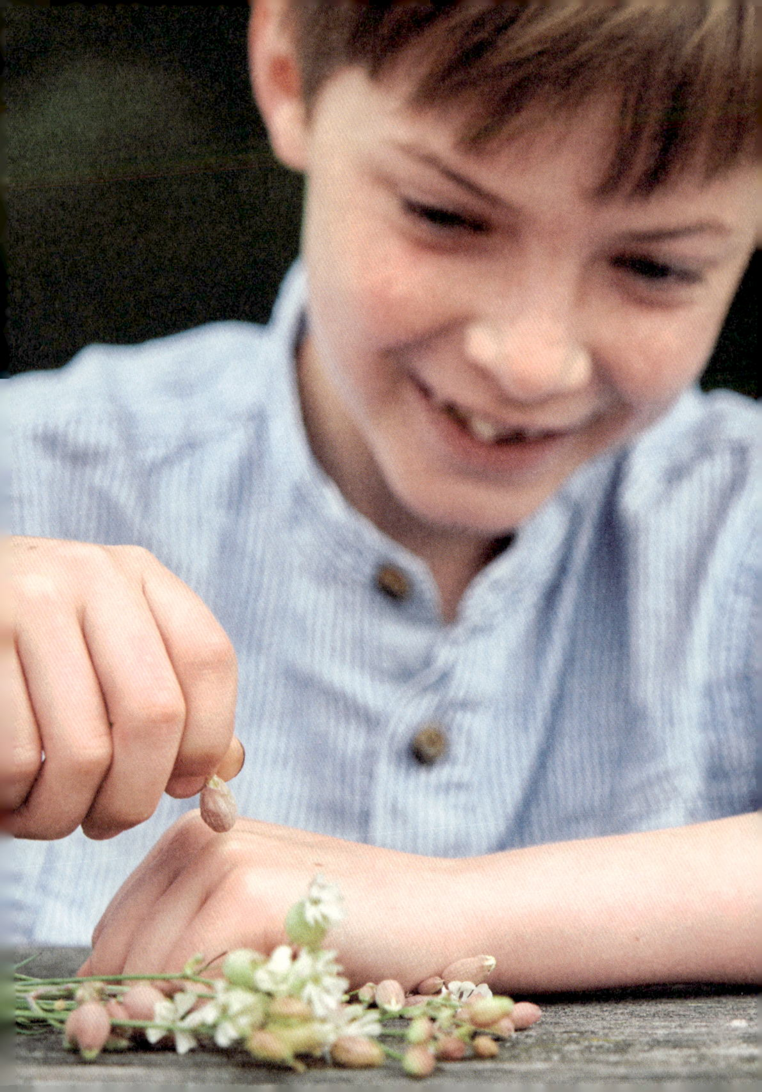

Taubenkropf/Leimkraut

Die lustig geformten Blüten sind häufig auf Brachen und an Wegrändern zu finden. Da diese Pflanze einen kropfähnlichen Blütenstand hat, ist wohl der Name »Taubenkropf« entstanden. Noch junge, zarte Blätter sind essbar: entweder frisch oder zu Hause in einem Salat oder Aufstrich.

Anleitung: Knaller am Wegesrand

Pflücke vorsichtig eine intakte Blüte und halte die weißen Blütenblätter mit Daumen und Zeigefinger der einen Hand verschlossen. Lass nun den kleinen Ballon am Handrücken der anderen Hand aufprallen. Es knallt ganz schön laut. Hat es beim ersten Mal nicht funktioniert? Macht gar nichts, übe weiter, es macht sehr viel Spaß!

Echtes Labkraut

Das echte Labkraut hat winzige, gelbe Blüten, die ab Juli auf trockenen Plätzen verbreitet zu finden sind. Die Blätter sind sehr schmal, fast nadelförmig. Am 15. August (Mariä Himmelfahrt) werden vielerorts Kräuterbüschel geweiht. Das Labkraut ist sehr oft ein Bestandteil von diesem Sträußchen. Das golden strahlende Labkraut soll den eigenen Schutzengel stärken. Früher wurde das Labkraut bei der Käseherstellung verwendet.

Duftpölsterchen

Sammle blühende Labkrautstängel und lege sie zu Hause an einem warmen, dunklen Ort zum Trocknen auf. Sie verströmen jetzt schon einen wunderbaren Geruch. Wenn alles trocken ist, streife die Blüten und Blätter ab und fülle sie in ein kleines, verschließbares Baumwoll- oder Chiffonsäckchen. Gemischt mit Lavendel und Zitronenmelisse, bringt es dir wundervolle Träume! Lege es unter deinen Polster.

Breitwegerich

Wie sein Name schon verrät, wächst der Breitwegerich oft direkt auf oder an Wegen und hat sehr breite Blätter. Er ist eine extrem starke Pflanze, die es auch aushält, wenn man öfters darauf steigt. Wenn du ein Blatt abpflückst, stehen aus dem Stängel meist einige feste Blattadern hervor. Zieh einmal daran! Sie sind sehr elastisch und geben gut nach – das macht ihn so widerstandsfähig. Ab Mitte August sind die Samen des Breitwegerichs reif. Sie schmecken sehr nussig und gut. Streife sie ab (das muss ganz leicht gehen) und nimm sie nach Hause mit. Die Samen schmecken in einem Müsli oder auf dem Butterbrot vorzüglich! (Wenn du sie länger aufheben möchtest, sollten sie noch getrocknet und kurz ohne Fett geröstet werden.)

Anleitung: Breitwegerich-Blasenpflaster

Auf Wanderungen kann es schon einmal vorkommen, dass die Schuhe zu reiben beginnen. Genau hier kann ein Breitwegerich-Blatt Abhilfe schaffen: Entferne den Socken, lege ein schönes Blatt ganz flach auf die schmerzende Stelle und ziehe den Socken wieder darüber. Ach, was für eine Wohltat, der Wegerich kühlt und verhindert, dass eine größere Reibblase entsteht!

Ackerschachtelhalm

Schachtelhalme gehören mit den Farnen zu den ältesten Pflanzen unserer Erde. Es gab sie schon, als noch die Dinosaurier lebten. Damals waren sie riesengroß wie Palmen. Du findest den Ackerschachtelhalm oft am Waldrand, manchmal auch auf Wiesen. Er hat so eine besondere Wuchsform, dass er sich stark von anderen Pflanzen unterscheidet. Sein zweiter Name »Zinnkraut« kommt daher, dass man ihn früher zum Putzen des Zinngeschirrs verwendet hat. Da er so viel Kieselsäure enthält, putzte man mit ihm ganz sauber.

Anleitung: Puzzle aus der Natur

Pflücke einen Ackerschachtelhalm. Wenn du ihn jetzt ganz genau ansiehst, fällt dir sicher auf, dass die Blätter lauter kleine Unterteilungen haben. Zupfe ein ganzes Blatt von dem Stängel und zerlege es vorsichtig in seine Einzelteile. Schaffst du es nun, das Blatt wieder zusammenzustecken? Vielleicht sogar alle Blätter zu zerlegen und wieder zusammenzubauen? Ist es nicht fantastisch, was die Natur alles hervorbringt?

Bitte beachten:

Es gibt verschiedene Schachtelhalmarten, unter anderem auch giftige. Daher verwende den Schachtelhalm vorsichtshalber nur als Puzzle.

Brombeere

Die Brombeere wächst oft am Waldrand und schiebt ihre langen, stacheligen Ranken viele Meter dahin. Am bekanntesten sind sicher ihr süßen Früchte. Wusstest du, dass man die jungen, zarten Blätter ernten und trocknen kann? Vermischt mit anderen Kräutern, entsteht daraus ein herrlicher Tee für den Winter. Meist findet man ab August die herrlich süß schmeckenden, dunkellila Beeren am Brombeerstrauch. Eine Frucht besteht aus vielen kleinen Einzelfrüchten, wovon jede einen Samen enthält. Deshalb zählt die Brombeere auch zu den Sammelfrüchten und ist streng gesehen gar keine Beere.

Tipp: Brombeeren–Schmaus am Waldrand

Auf der Wanderung über Wald und Wiesen bietet sie dir eine süße, köstliche Wegzehrung und enthält noch dazu viele wertvolle Inhaltsstoffe, die deinen Körper stärken. Aber auch verkocht zu Marmelade oder als Kuchenbelag schmeckt sie Groß und Klein!
Da es auch giftige Beeren gibt, zeige die Beeren immer einem Erwachsenen, bevor du sie isst!

Klette

Die Klette mit ihren riesigen Blättern ist ab dem Frühling an vielen Stellen zu sehen. Richtig auffällig wird sie aber erst, wenn die Blüten und später die ausgereiften Früchte auf hohen Stängeln in die Landschaft ragen. Wusstest du, dass der Klettverschluss nach dem Vorbild der Klettenfrucht erfunden wurde? Der Erfinder hat die Natur und ihre Wunderwerke genau beobachtet, und die Klette haftet ja wirklich fantastisch an der Kleidung. So lassen sich die Samen, an Tierfell oder Menschenkleidung klebend, weitertransportieren. Das Klettenwurzelöl hilft bei Haarausfall.

Anleitung: Klettenhut für Regen und Sonnenschein

Da die Klette teilweise sehr große Blätter hat, kann sich jeder den für ihn passenden Hut suchen. Schneide das Blatt am Stängel ab und überlappe es am Stängelansatz. Mit einem festen Grasstängel kannst du die zwei Teile nun »vernähen«. Und schon hast du einen wunderschönen Regenhut oder einen Sonnenhut mit Nackenschutz.

Haselnuss

Haselnüsse waren früher in unseren Breiten eine sehr wichtige Nahrungsquelle. Wenn du im Herbst unterwegs bist und einen Haselstrauch entdeckst, wirst du sicher auch feine Haselnüsse finden. Im Frühling kann man die ganz kleinen, frischen Blätter auch roh vom Strauch essen oder die Blätter einem Salat untermengen. Das Holz der Hasel wird auch heute noch sehr gerne als Wanderstock verwendet. Da es unter der Rinde weiß ist, lässt es sich auch wunderschön mit Schnitzereien verzieren. Früher meinte man sogar, dass man mit einer Hasel als Wanderstock immer den richtigen Weg findet.

Haselnuss-Schoko-Creme

50 g Butter · 30 g Haselnüsse ohne Schale gerieben
3 EL flüssiger Honig oder Agavendicksaft
1 EL ungesüßtes Kakaopulver · 1 Prise Vanillezucker

Haselnüsse reiben. Die zimmerwarme Butter gut schaumig mixen. Alle Zutaten hinzufügen, gut verrühren. Ein paar Stunden gekühlt durchziehen lassen. In einem Glas gekühlt circa eine Woche haltbar. Ein herrlicher Brotaufstrich!

Hagebutte

Die reifen Früchte der Hagebutte zeigen sich im Herbst rotorange strahlend. Meist sind die Früchte erst nach dem ersten Frost reif. In manchen Jahren aber auch schon früher. Deshalb ist es immer gut, auf Herbstwanderungen ab und zu an einer Hagebutte zu testen, ob sie schon weich ist. Sie enthält sehr viel Vitamin C und wirkt so sehr stärkend für die kalte Jahreszeit. Die mit juckenden Haaren besetzten Samen isst man nicht mit, weil sie auch im Mund kratzen können.

Tipp: Marmelade frisch vom Rosenstrauch

Frisch vom Wegesrand genascht, schmeckt die Hagebutten-Marmelade am allerbesten. Pflücke eine Hagebutte, die bereits orangerot und weich ist. Nun halte sie zwischen beiden Daumen und Zeigefingern, sodass die Öffnung, wo der Stängel angewachsen war, nach oben schaut. Du drückst nun vorsichtig die Frucht zusammen und achtest darauf, dass die Kerne in der Fruchthülle bleiben. Oben schiebt sich feinste, süß-saure Hagebuttenmarmelade heraus, die du jetzt frisch verspeisen kannst. Weil dieses Fruchtmark frisch immer am gesündesten ist, kannst du dich so für den Winter stärken.

Über die Autorin

Ines Scheiblhofer, 1977 in Kärnten geboren, absolvierte verschiedene Kräuterausbildungen und arbeitete auf einem Biobauernhof mit Kräutern aller Art. Seit sechs Jahren bietet sie Kräuterworkshops und -wanderungen für Kinder und Erwachsene an. Ihr Kräuter-Wissensspiel: 1,2,3 Kräuterallerlei wird in Kooperation mit einer Geschützten Werkstätte produziert.

FSC MIX
Papier aus verantwortungsvollen Quellen
FSC® C022357
www.fsc.org

PRINTED IN AUSTRIA

 Satz aus der Hoefler Text und The Sans. · Medieninhaber, Verleger und Herausgeber: Red Bull Media House GmbH · Oberst-Lepperdinger-Straße 11–15 · 5071 Wals bei Salzburg, Österreich · Gestaltung und Satz: wir sind artisten · Bilder: Cover: Peter Podpera · Innenteil: Peter Podpera, außer: S. 13 StockFood/Foodografix; S. 16 mauritius images/Christa Blum; S. 25 und S. 55 StockFood/Diez, Otmar; S. 26 StockFood/Castilho, Rua; S. 29 StockFood/Siffert, Hans-Peter; S. 31 mauritius images/United Archives; S. 42 mauritius images/Flowerphotos; S. 45 mauritius images/imageBROKER/Frank Sommariva; S. 47 hsvrs/iStock; S. 51 mauritius images/Garden World Images; S. 60 mauritius images/David & Micha Sheldon; S. 62 StockFood/Schindler, Martina

Printed by Samson Druck GmbH in Austria
ISBN 978-3-7104-0197-8